사랑하는 _____님께 마음을 담아,

당신이 아니면 나는 아무것도 아닌 사람

주영헌 시집

1부

당신이 잘 살아야 내가 살아요

2부

원망은 혼자서도 잘 자랍니다

3부

당신은 천사와 커피를 마셔 본 적이 있나요

4부

날이 좋아서 이번에는

당신이 잘 살아야 내가 살아요

이별 예보

비 소식은 없지만 비가 내린다고 합니다

몸은 세상 밖의 소리를 잘 예감하는 편이라서,
아우성을 치는 경우도 있어서
진실하다고 믿습니다

몸살을 닮은
오보를 내는 경우도 있지만

몸은 당신이 떠나간다고 얘기하기 전부터
진저리를 쳤습니다

당신이 떠나고 나서야 떠나버렸다는 사실을
과거 진행형의 눈으로 볼 수 있었습니다

이별은
피할 수 없을 정도로 가까이 와서야 예보합니다

1부 당신이 잘 살아야 내가 살아요

당신이 잘 살아야 내가 살아요

마음속에 다른 마음이 자리 잡을 때
몸에서 열이 나죠

잠시라도 한 몸에
두 마음을 품었기 때문일까요

당신의 위치는 매번 달랐어요

지구본을 돌리며 당신을 찾았죠
등을 맞대고 누운 당신은
지구의 반대쪽

나는 짝사랑에 익숙한 사람

돌아누운 당신의 등이
절벽처럼 아득하게 느껴지지만
당신의 이름을 부르며
조용히 다짐할래요

당신을 진심으로 오해하고 있었나 봐요

당신이 잘 살아야
내가 살아요

꼭 껴안는다는 것은

나의 마음이 당신의 마음을
꼭 껴안습니다

우리의 심장은 어느 때보다 가까워졌습니다
두근거림을 공유합시다
두 개의 심장으로 행진곡을 연주합시다

당신과 나의 두근거림은 몇 분 음표입니까
빠르고 느리게
스타카토의 발걸음으로 움직이는 당신
때로 불협화음으로 흐르는 음표도 있습니다

음률을 맞추다가도
불쑥 튀어나온 도돌이표에서
뒤돌아오는 당신

꼭 껴안는다는 것은
앞과 뒤 모두를 놓치지 않겠다는

결연한 다짐입니다

포옹합시다
완성되지 않은 우리의 뒷장을
연주합시다

당신이 먼저 안아달라고 말해서

겨울 바다에 갈 때는 큰 옷을 입습니다

바람도 제법 불어서
누구나 옷깃을 여밉니다

옷깃을 여밀 때마다
당신이 내 품 안에 있었으면
좋겠다고 생각했는데

큰 눈이 함박함박 바람에 실려 오는 날
눈사람이 눈으로 만든 코트를 한 겹 더 껴입는 것처럼

쓸쓸함도 추워서
두꺼운 옷을 입습니다

힘은 어디에서 오나요

뒤돌아서는 당신의 그림자는 왜 짙은 그늘로만 기울
어지나요
안 그래도 휘어진 등 힘들어 보여서
힘내라고 말해주고 싶은데,

힘은 어디서 오나요

벽에 못 하나 박는 일이나
시장바구니에 저녁거리를 담는 일
사무실에 홀로 남아 야근하는 일이나
과장님의 주말 카톡까지도

생각해 보면, 모두
심써야 하는 일입니다

그 마음 때문에
울컥하는 또 다른 마음도 있습니다

말로는 내 마음 다 담아낼 수 없어
당신에게 짧은 문자를 보냈습니다

심心내요
힘내요

내 사랑이 가장 단단합니다

당신이 아니면 나는 아무것도 아닌 사람

약한 사람

속상한 말 한마디에도
쿠크다스처럼 부스러집니다

미안하다, 고맙다
먼저 다가와 말해줘서 고마워요

당신 사랑이 가장 단단합니다

당신을 사랑하는 나는 호빵맨

흰머리가 늘어나는 만큼
머릿속이 새하얘졌으면 좋겠습니다

까마득하게 잊어버리는 것이 아니라
밀가루 포대처럼
머릿속이 하얗게 가득 차는 것

계란과 우유를 넣어 비비면
하얀 반죽 부풀어 오르고

새롭게 태어난 나는
달곰한 세상을 선물하기 위하여
오븐 속에서
맛있는 노란 얼굴로 익어갑니다

나는 호빵맨,
당신만을 사랑합니다

반대쪽

당신이 나의 왼쪽에 있을 때
나는 당신의 오른쪽에 있었습니다

내가 오른쪽을 바라볼 때
당신은 왼쪽을 바라봅니다

한쪽으로만 기울어지려는 시소처럼
우리는 서로의 다른 편이었습니까

당신의 싸늘한 두 손과
차가운 한숨
쓸쓸하게만 보였던 뒷모습까지도

우리에겐 다 이유가 있습니다

우리는 서로의 발이 되어
먼 길 걸어가는 외발입니다

1부 당신이 잘 살아야 내가 살아요

가슴이 두근거리는 까닭

아무도 없을 때 해변 걷는 것을 좋아합니다

목줄을 매지도 않았는데
강아지처럼 졸졸 좇아오는 발걸음을 바라보면
안쓰러워 내가 나를 쓰다듬고 싶어집니다

물결 한 번에 발걸음들
깨끗해집니다

잊어버리고 싶은 것은 추억이 되고
괜찮다고 생각하는 것만 쉽게 잊힙니다

내가 더 많이 다가가겠습니다

해변의 작은 카페에 앉아
당신에게 메시지를 보냈습니다

당신을 사랑할 준비가 된 것 같아서

가슴이 더 두근거립니다

민들레꽃 같은

마음에 드는 옷이 있는데
죄송하다고 합니다

꼭 입고 싶은데
지금이 아니면 못 입을 것 같은데

바람이 불고
딸랑, 당신 눈동자가 빛났습니다

미안해요,
모레쯤 배달해 드릴게요

나는 그녀에게
민들레꽃처럼 반짝이는 그녀에게 물었습니다

사랑도 택배가 될까요

울기 시작하면

까치가 아침부터 울기 시작했습니다

울기 시작하면
누군가가 찾아온다는 말에

운다는 말을 다시 생각합니다

아이가 울면
엄마가 찾아와
토닥토닥 등 두드려 줍니다

내가 울면
누가 찾아올까요

바람이 같이 웁니다
내가 가여워 나무도 손을 흔드는 것입니까

저쪽에서

당신이 오고 있습니다

1부 당신이 잘 살아야 내가 살아요

고백하던 날

지금까지의 당신과 나의 삶,
비극이었습니까 희극이었습니까

비극이었다면 희극으로 바꿔 주고 싶다는 내 말에,
자신의 인생보다 코미디 같은 삶은 없었을 것이라
며 당신

눈물 흘렸습니다

우리는 지금껏 비극에만 골몰했습니다
가장 화려하고 완벽한
모험을 위한 선언

"결혼해요"

내 선언에 당신은
세상에서 가장 슬픈 사람처럼 눈물을 펑펑 쏟았습
니다

우리는 어떤 파국도 함께 맞이할

준비가 되었습니다

원망은 혼자서도 잘 자랍니다

이유를 모르겠습니다

당신과 함께 있을 때
심장이 쿵쾅거려서

커피 때문이라 생각했는데

당신과 헤어지고 난 후
혼자 마실 때

아무렇지도 않습니다

이유를 모르겠습니다

눈물은 정해진 방향이 없습니다

눈물을 참으려다가
목이 메어 오는 것은 참아 낼 수 없어서

눈을 꾹 감아버렸는데

당신도 나처럼
눈물을 참고 있었습니다

당신 쪽으로만 흐르지 않았으면 좋겠다고 생각했는데

소풍날의 비 예보처럼
짐작이 확신이 되는 날이 있습니다

당신이 먼저 울어
내 가슴의 장마가 아무 때나 찾아올 것 같습니다

2부 원망은 혼자서도 잘 자랍니다

처음으로 선언한 이별

당신에게 궁금한 것이 많아요

때론 더하고
때론 뺐어요

울 준비가 되어 있는 사람만이
뺄 수 있는 일이라서

예고 없이 떨어지는 눈물만으로는
아무것도 뺄 수 없었어요
또 더할 뻔했어요

이미 많이 더해서

내 머릿속엔 눈물만 가득해서
계절 내내 아무 때나 폭우가 쏟아지는 것인가요

눈물을 참을 수 없으면 이번에는

아무것도 안 해보려고요

처음으로 이별을 선언해 보려고요

에페epee*

네가
다른 마음을 품고 있다는 것을 알았을 때

완벽한 삼각형

나로부터 힘이 빠진 너는
날카로운 뿔角이 되어
내 심장을 겨눈다

아파, 네가 나를 처음 깊숙이 찌른 그 말은 너무 아팠다

* 찌르는 것을 목적으로 만든 펜싱 검

　2부 원망은 혼자서도 잘 자랍니다

회전목마

세상은 원래 한방향으로만 움직이는 것이라고
회전목마를 탄 네가 말했다

네 얼굴을 보기 위해 거꾸로 앉았고
그때부터 세상이 거꾸로 움직이기 시작했다

겨울과 여름은 한없이 냉정하고 뜨거워서,
봄가을은 진심으로 외로워서
나는 놀이동산에 가지 않아

아이들의 모습이 행복해 보여서 불안하지
불안은 미끄럼틀 위에서 뛰어내리는 해맑은 아이 같아

저 감정은 아이들을 집어삼키고 놀이동산까지 집어삼
키겠지
너의 미소를 하얗게 삼켜버린 것처럼

까르르 웃던 네 모습 기억할 수 없어서

정말 미안해

헤어진 다음 날

당신과 헤어진 다음 날

눈과 비가 일대일의 비율로 섞여 내렸지만, 내가 누구
인지 알 길 없습니다 몇 개비의 담배를 연달아 물었습니
다 그러나 불을 붙이지는 않았습니다 마음속까지 축축
한 날 담배를 물면 나보다 더 처량해 보일 것 같아 라이
터를 산 기억이 없습니다

지나가는 사람들에게 나를 물었습니다 인상착의와 말
투, 걸음걸이까지 똑같이 흉내 내어 보여줬습니다 고개
만 갸우뚱할 뿐 아무도 모른다고 말합니다 몇 사람이 더
지나가고 택시도 지나가고 봉고차도 지나가고 버스도
지나갔습니다 아무도 나를 모른다고 말합니다 나는 나
의 모습을 스케치북에 그려 지나가는 사람에게 보여줬
습니다

다섯 번째 지나가던 사람이 TV 드라마에서 본 적이 있
다고 말합니다 나는 괜히 우쭐해졌습니다 여섯 번째 지

나가던 사람이 말도 안 된다고 말합니다 나는 쉽게 우쭐
해졌다가 침울해지는 사람이었습니다

몇 사람이 더 지나가고 택시가 지나가고 봉고차가 지
나가고 버스가 지나가고 비와 눈이 동시에 흩날리고 하
늘에선 까마귀가 날아가고 비행기가 작은 점처럼 사라
져갔지만

당신의 차가운 얼굴처럼, 나를 아는 사람이 없습니다

원망은 혼자서도 잘 자랍니다

비와 꽃잎이 섞여 내리던 날
우산도 없이 걸으며 우리를 얘기했지요

빗물인지 꽃물인지

그때 당신,
꽃잎을 훔친 것입니까 입술을 훔친 것입니까

내 몸의 안쪽은 망가진 태엽처럼 두근거렸습니다

엇박의 두근거림 속에서
꽃잎 떨어지고

최선을 다해 사랑을 낭비할 수 있다는 듯
속상한 폭우처럼 눈물 쏟아졌습니다

처음부터 당신은 쏟아져 내린 것입니까

우산도 없이 쏟아지는 빗속을 걸어가던 날

2부 원망은 혼자서도 잘 자랍니다

어느 봄날의 일

눈을 떴을 때 적당하게 온기가 느껴졌습니다

봄이었습니다

적당하게 환함이 느껴졌고 막 내린 커피 향기도 적당
했습니다 빵도 적당하게 향긋했고 창밖 새들의 지저귐
도 적당했죠 윗집 아이들의 발소리도 적당하게 리듬감
있게 콩콩 쿵쿵

전화벨이 울렸습니다

엘리베이터에서 만난 이웃의 얼굴이 적당하게 반가웠
고 우편함의 편지도 적당히 쌓여 있었습니다 오토바이
소음도 적당했고 놀이터 아이들의 목소리도 적당하게
즐거웠습니다 바람도 적당하게 불고 구름도 적당하게
흘러갔습니다

우리에게 봄은 있었습니까

멀리 그녀의 모습이 보이고, 긴 머리가 적당하게 휘날렸고 스카프도 적당하게 흔들렸습니다 예뻤습니다 목소리도 적당하게 향기로웠고

적당하게,

헤어지기 좋은 날이었습니다

아침엔 샴푸

어제를 잊고 싶어서 샴푸를 합니다

슬픔이나 이별 따윈 어제에 놔두고 오려 했는데
그것이 잘 안됩니다

원장님이 나를 보고 지성이라고 합니다
책을 많이 읽지도 않는데
'그래 보여요'라고 농담을 했는데

샴푸를 잘 써야 한다고
꼼꼼히 문질러줘야
깨끗해질 수 있다고 말합니다

당신을 향한 감정만
익숙한 샴푸 향기처럼 몸에 배어서
애꿎은 샴푸만 탓합니다

뜨거운 물이 몸을 흐릅니다

샤워기 버튼을 누르지도 않았는데

2부 원망은 혼자서도 잘 자랍니다

이 인분 식당

이 인분을 시켰습니다
이 식당에서는 일 인분을 팔지 않는다고 합니다

나는 이 인분을 시키고 일 인분만 먹었습니다

누군가 아깝지 않냐고 물었습니다
괜찮다고 했습니다

이 인분 식당에선
두 벌의 수저를 놓는 일
이 인분을 계산하는 것도 당당합니다

가끔씩,
당신이 있었던 자리에 앉아 봅니다

구름 없는 하늘이 흘리는 눈물

구름 없는 하늘에 비가 내립니다 울고 싶어도 울 수 없는 마음이 있어 마른 눈물이 필요하고 말 못 할 어떤 웃음에는 긴 해설이 필요합니다 왼쪽에서 오른쪽으로 읽는 문장처럼 우리는 습관적으로 흘러가고 있었나요

마음을 띄엄띄엄 읽는 버릇을 고치지 않는다면 울지도 웃지도 못할 것입니다

3부

당신은 천사와 커피를 마셔 본 적이 있나요

당신은 천사와 커피를 마셔 본 적이 있나요*

내가 어린아이였을 때
어머니가 마시던 커피 한 모금을 마신 적이 있습니다
약보다 더 써서 뱉어버렸는데

어머니는 그냥 웃기만 했습니다

안목 해변에서 당신과 함께 마시던 커피는
어머니의 얼굴처럼
달콤했습니다

* 김성호의 노래 〈당신은 천사와 커피를 마셔 본 적이 있습니까〉를
변용함

3부 당신은 천사와 커피를 마셔 본 적이 있나요

토마토 알러지

당신을 바라보면 나는 붉게 변합니다 완숙 토마토처럼 피부 속 감정 제어할 수 없어 냉장실인 듯 입을 닫습니다 그때마다 당신은 나를 보며 냉랭한 사람이라고 말했는데,

고장 난 컴프레서처럼 몸 떨립니다

내가 당신 앞에서
아주 가끔 딸꾹질을 했던 까닭이나, 말을 더듬었던 까닭도

말하자면, 모두 토마토 알러지

바다는 왜 해변을 두드릴까요

오늘도 바다는 해변을 두드립니다

얼마나 그리워야
쉬지도 않을까요

얼마나 외로워야
하루에 몇 번이나 육지를 껴안는 것일까요

보고 있으니
나까지 쓸쓸해져서
당신이 그리워집니다

당신을 다시 안아보고 싶습니다

3부 당신은 천사와 커피를 마셔 본 적이 있나요

강릉 바다에 갔습니다

강릉 바다에 갔습니다

바다는 어디에나 있지만
당신이 혼자이듯
나에게도 혼자만의 바다가 있습니다

바다에선 울어도 아무도 모릅니다

바다는 눈물보다 짜고
위로하기보다는
더 크게 울기 때문입니다

바다는 눈물과 어떤 관계입니까

얼마나 더 울어야
내 울음들 잔잔해질 수 있습니까

강릉,

바다에 갔습니다

안목 해변에 서서

한없이 당신을
바라보고 싶을 때가 있습니다

외로움하고는
관계없는 말입니다

'한없이'를 잘못 말해서
한이 없다고 말했는데

바다의 속마음처럼
깊어졌다가 무서워집니다

살면서,
한이 없었으면 좋겠습니다

한 없이 당신만큼,
바라보며 살고 싶습니다

3부 당신은 천사와 커피를 마셔 본 적이 있나요

말할 수밖에 없던 비밀

당신이 좋아서 너무 좋아서 오래 숨겨야 하는 비밀을 털어놓았죠 나보다 긴장했던 것은 당신이었지만, 긴장한 줄도 몰랐던 나는 심장 소리만 들리고

모든 소리가 핸드폰 무음처럼 들렸습니다 귀를 먹었는지 착각할 정도였는데

당신의 얼굴이 어땠는지 기억하나요

그때 당신 얼굴에 눈멀어서 삽니다

당신이 필요한 날

목욕 버튼을 눌렀습니다
전화를 받다가 까맣게 잊어버렸습니다

잊어버렸다는 사실만 기억하고 있어서
익숙한 서랍만 뒤적거렸습니다

찌개를 데우다가
샤워하려고 했던 것이 생각났습니다

냄비가 속처럼 타버렸습니다

속상해서,

위로받으려고
전화기를 손에 들고 한참을 찾았습니다

당신이 필요한 날입니다

저 문안에 누가 살고 있습니까

당신이 그리워서
벽에 문을 그리고 손잡이를 달았습니다

오죽했으면 얼룩진 모양이 당신의 얼굴처럼 보였으려
고요

문 안쪽에서
당신의 목소리가 들리는 것 같습니다

당신을 다시 만날 수 있다면,
안목 해변으로 가 보려고요

커피 한잔 같이 마시자고 말해 보려고요
쓸까요 달까요, 몰라도
오가는 동안 행복하겠죠

내 방 안에도
문을 그리고 손잡이를 달았습니다

저 문안에는 누가 살고 있을까요
내가 그렇게 만나고 싶었던
얼굴이었다면

당신에게 포위되다

나는 완전히 포위되기로 마음먹었습니다 벽은 이쪽과 저쪽, 아래와 위를 둘렀습니다 벽은 안전하지만, 나는 내부에 벽을 하나 더 만들었습니다

외부에서 그 누군가 소리 질러도 들리지 않습니다 두려움을 짓이겨 치댄 벽은 어느 벽보다 견고합니다

벽은 나에게 친절합니다 필요할 때마다 벽 속에 안전히 숨을 수 있었습니다 벽은 방세를 일시금이나 월세로 요구하지 않습니다 견딤의 시간을 나누어 주는 것만으로도 충분합니다 몇 개월 분량의 한숨만으로도 충분합니다 삶의 시간을 얼마간 내어 주고 몸에 맞지 않는 계절을 지나칠 수 있습니다 완전한 교환입니다

벽은 입도 없고 손도 발도 없으며 오직 들을 수 있는 귀만 있습니다

꼭, 당신을 닮았습니다

우리가 우리를 완벽히 껴안는 방법

나는 당신을
당신은 나를 껴안습니다

멀어 보였는데 우리
서로의 그림자처럼
가까운 곳에 있었습니다

안기는 것은 소유와 아무런 관계없습니다

당신이 나를 안으니

슬픔이 슬픔을
웃음이 웃음을
얼굴이 얼굴을
오늘이 어제를

포옹이 포옹을
완벽히 껴안았습니다

너와 함께 걷는 눈길

아스팔트길 위에 눈이 내리니
하얗게 포장한 길 같습니다

까르르 웃는 소리가 들립니다
이제 웃음소리로 포장한 길입니다

남자가 여자의 손 잡아줍니다
이제 다정함으로 포장한 길입니다

두 사람 팔짱을 끼고 걸어갑니다
이제 시작으로 포장한 길입니다

꽃잎처럼 눈송이 휘날립니다

두 사람이 아이의 손을 잡고 조심조심 걸어갑니다
이제 가족이라는 이름으로 포장한 길입니다

눈길 위에서 두 사람 손을 꼭 잡습니다

서로의 웃는 얼굴 바라봅니다

언젠가 한 손만 홀로 남아
다른 한 손 눈길 위에서 배웅하겠지만,

눈은 울고 입은 웃으며
당신이 있어 잘 살아냈다고
말할 수 있을 것입니다

첫 키스의 추억

너는 꿈에서 두 번의 키스를 했어
첫 키스는 뜨거웠고
두 번째 키스는 달콤했지

첫 키스의 시련은 길다

너와 헤어지고 나는 매일 같은 꿈을 꾼다
독감처럼 입술에 남은 키스

벼락같았던 첫 키스가 떠오른다

3부 당신은 천사와 커피를 마셔 본 적이 있나요

잔상*

네 얼굴이 오래도록 시무룩해 보였다

너는 시소를 타지도 않았는데
나는 수평을 맞추고 있지
균형을 생각하지 말라는 너의 당부를 잊어버렸어

너는 그네를 타고 저 멀리 떠나가려 했지

다행이야
아무리 발을 굴러도 제자리인, 우리라서

* 박주원의 연주곡 〈잔상〉에서 그 느낌을 빌려왔다.

3부 당신은 천사와 커피를 마셔 본 적이 있나요

4부

날이 좋아서 이번에는

붕어빵

따뜻한 붕어 한 마리
손바닥 속에서 펄떡거립니다

가난한 겨울밤을 거슬러 오르는

따뜻한
통화음

날자, 고래야

한 무리의 고래 떼가 해안가로 뛰어들었다고 합니다
고래의 집단 자살
온난화의 영향이라고 짐작만 할 뿐, 아무도 모른다고
말합니다

당신과 사소한 말다툼을 끝내고 나선 길
초라한 SUV에 육중한 몸을 싣고 달렸습니다

모든 출발은 목적지를 향하지만
당신으로 가득 찼던 내 삶은
그리운 지명이나 반가운 누군가의 얼굴도 떠오르지
않습니다

한참을 달려서 도달한 바닷가
고래 한 마리 누워 있습니다

사랑도 꿈도 희망도
한번씩 외길과 만납니다

고래에게는 육지가 길의 끝이고
나에게는 당신이 그랬습니다

고래에게 커다란 날개가 돋는다면, 날 수 있다면

날자
고래야

빨래하기 좋은 날

날이 좋아서

아픔과 슬픔, 아쉬움까지 툭툭 털어
빨랫줄에 널었습니다

채 털어 내지 못한 감정들이
눈물처럼 바닥에 떨어져 어두운 얼룩을 남기지만

괜찮습니다,
금세 마를 테니까요

날이 좋아서
이번에는

한나절도 걸리지 않을 것 같습니다

4부 날이 좋아서 이번에는

슬픔을 세탁하다

잘 세탁된 슬픔을
건조기에 넣어 말립니다
이 뽀송뽀송한 감정

다시
사랑할 준비되었습니다

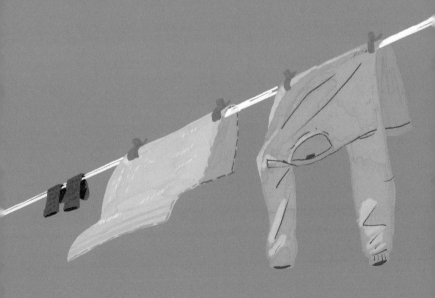

반딧불이

나는 빛을 먹고 사는 곤충

반딧불이가 밝은 빛을 낼 수 있는 까닭은
누군가의 마음 때문이라고 합니다

나를 위해 더 밝아져야만 했던 당신

당신이 어두워진 것은 나 때문입니다
어두워진 당신을 밝히려
내가 더 힘을 냅니다

당신은 이제 나의 빛을 먹고 사는 곤충

홀로 남겨져도 당신과 나
외롭거나 쓸쓸하지 않습니다

우리는 낮 동안 볼 수 없지만
어두워지면 서로를 위해 빛을 낼 테니까요

4부 날이 좋아서 이번에는

애인

아이처럼 사랑해야 하는 사람이라고
애—인이라고 불리는 것이 아닐까

어제도 오늘도
애처럼 투정 부리는
내 사람

잘했어
괜찮아
힘내

4부 날이 좋아서 이번에는

같은 감정에 끓는 몸

당신의 감정은 화씨 나의 감정은 섭씨

같은 감정에 끓지만,
내가 뜨겁다고 말할 때 당신은 차갑고
당신이 뜨겁다고 말할 때 나는 차갑습니다

다른 기압을 가진 행성의 토착민처럼 우리
온도를 맞추지 말아요
서로가 펄펄 끓을 때까지

몸은 끓을 만큼 달아올라야 뜨거워집니다

눈을 뜬 화씨와 섭씨가 한 이불 속
뜨거워지는 봄밤

보일러 전원이 꺼져도
방은 끓습니다

마음 독감

당신을 만나자마자 외로움이 시작됐습니다
헤어지자마자 가슴이 두근거렸습니다

여름이 시작되면서 눈이 내렸으면 좋겠다고 생각했습
니다
겨울이 시작되면서 꽃이 피었으면 좋겠다고 생각했습
니다

외로움만 달콤했던
지난해의 이상 기후

당신과 헤어진 여름은
한없이 추웠고

당신을 다시 만났던 겨울은
얼굴이 화끈거렸습니다

사랑 독감

잠복기 측정 불가
백신 개발 불가
몸에서 열이 나고
심장의 두근거림 심해짐
자본주의적 판단 결여
타액으로 전파될 수 있다는 추측
눈이 멀어버릴 수도 있다고 보고됨

보수주의자들에 의해서 사망 독감으로
더 잘 알려진,

사람의 심장에 깊숙이 침투해 사랑으로 만드는

사랑 시市
사랑 독감

손톱이 자란다

손톱이 자란다 내 두 손 당신에게 닿지 않아 자라서 메꾼다 당신을 향하는 간절한 마음 손톱이 자란다 나 여기 있어요 톡톡 인사하고 싶은 마음 손톱이 자란다 일 분도 쉬지 않고 짙은 어둠 속에서도 손톱이 자란다 간절함은 쉬는 법이 없다 잠이 없다 너에게 다가가고 싶은 마음 살아 있는 동안 숨을 쉬는 동안, 죽어서도 손톱이 자란다 끝끝내 너에게 닿을 때까지

내 간절한 간절함 손톱으로 자란다

4부 날이 좋아서 이번에는

부에노스아이레스

달콤한 음료를 마시고 싶어서 주문했는데 얼음이 가득
했다
달콤한 것은 맞는데

지구의 반대편에 도착한 것 같은 낯설음

어디서부터 잘못된 것일까

달력은 분명 겨울을 가리키고 있는데

창밖은
낯선 하늘과 구름, 꽃향기

그냥 너의 눈에서 잠깐 도망치자고 생각했던 것뿐인데

사랑이라는 병

아프다고 하는데 얼마나 아픈지 몰라
난처한 적이 있었다

입맞춤을 했다
입병이 옮았다

아픈데,
얼굴을 찡그리며 환하게 웃을 수 있었다

너의 품을 나의 품에

품으로 끝나는 단어는 왜 하나같이 아플까*

서글픔이라고 얘기하고
눈물 흘리는 당신을
내 품에
꽉 껴안아 주고 싶었습니다

품은
안아주는 가슴의 옛말이라고 하죠

당신의 품들을 홀로 놔두고 싶지 않아서

당신의 품을 내 품으로
꼭 껴안습니다

* 김은지 시인의 시 「품」에서 빌려왔다.

키스는 뒷면을 보여주지 않아요

몇 번이나 당신의 입술을 훔쳤는데

매번 떨립니다

마지막 봄날의 꽃

아이들은 앓으면서 자란다고 합니다

당신이 키스할 때마다
내 몸의 상처는
한 뼘씩 더 자랍니다

꽃이 필 때 나무는 살煞이 올라
몸을 부르르 떱니다

마지막, 키스

흔들리던 꽃잎들 한꺼번에
후드득 집니다

봄날이 다 지나간 줄도 모르고

당신이 아니면 나는 아무것도 아닌 사람

2020년 11월 11일 1판 1쇄 펴냄

지은이 주영헌

펴낸이 김성규

책임편집 김은경 미순 조혜주

일러스트 김동선

펴낸곳 걷는사람

주소 서울 마포구 월드컵로16길 51 서교자이빌 304호

전화 02 323 2602

팩스 02 323 2603

등록 2016년 11월 18일 제25100-2016-000083호

ISBN 979-11-89128-92-0 [03810]

* 이 시집은 용인시, 용인문화재단의 문예진흥기금 지원을 받아
  발간되었습니다.
* 이 책의 국립중앙도서관 출판시도서목록(CIP)은 서지정보유통지원시스템
  홈페이지(http://www.seoji.nl.go.kr)와 국가자료공동목록시스템(http://www.
  nl.go.kr/kolisnet)에서 이용할 수 있습니다. (CIP제어번호:2020046232)